Direction éditoriale Thomas Dartige
Responsable éditorial Éric Pierrat
Direction artistique Jean-François Saada
Graphisme Gaëlle Souppart et Massimo Miola
Correction Isabelle Haffen, Solène Bouton
Fabrication Marie-Laure Garello
Photogravure IGS

Certifié PEFC
Ce produit est issu de forêts gérées durablement et de sources contrôlées
PEFC
PEFC/14-38-00202
www.pefc-france.org

ISBN 978-2-07-513564-1

Loi n° 49-956 du 16 juillet 1949
sur les publications destinées à la jeunesse
Premier dépôt légal : août 2020
Dépôt légal : avril 2024
Numéro d'édition : 636199
Imprimé en Espagne par Indice

BAM!

SPORTS

40 CHAMPIONS OLYMPIQUES

Jean-Michel Billioud & Gonoh

GALLIMARD JEUNESSE

PLUS VITE,
PLUS HAUT,
PLUS FORT !

Depuis que le Français Pierre de Coubertin a eu la bonne idée de relancer les jeux Olympiques en 1896, des milliers de champions et de championnes ont fait vibrer le public par leurs exploits sportifs. Quarante ont été sélectionnés ici dans cette extraordinaire équipe des héros des Jeux. Certains sont entrés dans la légende à la suite d'un seul exploit comme le Grec Spyrídon Loúis, premier vainqueur du marathon en 1896, ou l'Américain Bob Beamon, qui pulvérisa le record du saut en longueur de 55 cm en 1968.

La plupart se sont distingués en accumulant médailles et records. Tout le monde connaît Marie-José Pérec, Birgit Fischer, Usain Bolt ou Michael Phelps. Mais la Néerlandaise Fanny Blankers-Koen, la seule femme à avoir gagné quatre médailles d'or en une seule olympiade (100 m, 200 m, 4 x 100 m et 80 m haies), mérite aussi l'honneur de figurer parmi ces stars. Il en est de même pour l'Américaine Trischa Zorn et le Canadien Michael Edgson, extraordinaires héros des jeux Paralympiques.

Enfin, certains de ces dieux et déesses des stades ont aussi marqué l'histoire ! En 1936, Jesse Owens osa défier Hitler ; en 1968, Tommie Smith monta sur le podium le poing levé et ganté de noir, pour protester contre la ségrégation aux États-Unis ; en 2000, l'Australienne Cathy Freeman symbolisa le dialogue repris entre son peuple martyrisé, les Aborigènes, et l'État australien.

Quelles que soient leur histoire et leurs performances, ces 40 champions peuvent monter sur le podium des plus grandes légendes des jeux Olympiques.

SOMMAIRE

1 SPYRÍDON LOÚIS

2 CHARLOTTE COOPER

3 MADGE SYERS

4 JIM THORPE

5 PAAVO NURMI

6 JOHNNY WEISSMULLER

7 MILDRED DIDRIKSON

8 JESSE OWENS

9 MARJORIE GESTRING

10 FANNY BLANKERS-KOEN

11 MICHELINE OSTERMEYER

12 EMIL ZÁTOPEK

13 BETTY CUTHBERT

14 WILMA RUDOLPH

15 ABEBE BIKILA

16 TOMMIE SMITH

17 BOB BEAMON

18 MARK SPITZ

19 NADIA COMANECI

20 SEBASTIAN COE

21
BIRGIT FISCHER

22
DALEY THOMPSON

23
NAWAL EL MOUTAWAKEL

24
CARL LEWIS

25
STEVE REDGRAVE

26
MARIE-JO PÉREC

27
VALENTINA VEZZALI

28
MICHAEL JOHNSON

29
MARIA MUTOLA

30
CATHY FREEMAN

31
YELENA ISINBAYEVA

32
MICHAEL PHELPS

33
TONY ESTANGUET

34
USAIN BOLT

35
TEDDY RINER

36
MO FARAH

37
ISABELL WERTH

38
SIMONE BILES

39
TRISCHA ZORN

40
MICHAEL EDGSON

SPYRÍDON LOÚIS

IDENTITÉ

1873-1940

Grec

Athlétisme

Marathon

Concurrent principal : Kharílaos Vasilákos, grec

Le jour de gloire de ce coureur de 23 ans, porteur d'eau de profession, a lieu lors du marathon des Jeux d'Athènes, les premiers de l'ère moderne. Alors qu'il n'est pas favori, il prend la tête 4 km avant l'arrivée au stade Panathénaïque et gagne l'épreuve (38 km cette année-là), avec plus de sept minutes d'avance. Les enfants de la famille royale, le prince héritier Constantin et son frère Georges, courent avec lui son dernier tour de piste. Les 100 000 spectateurs jubilent : le podium est entièrement formé d'athlètes grecs !

DES CADEAUX IMPROBABLES

En guise de récompense, Spyrídon Loúis reçoit un trophée mais aussi un vase antique, une charrette à âne et un abonnement pour un rasage gratuit... à vie.

HOMMAGE TARDIF

Aux jeux Olympiques de Berlin, en 1936, Spyrídon Loúis est choisi comme porte-drapeau de la délégation grecque, quarante ans après son exploit. Il offre à Hitler un rameau d'olivier.

ET APRÈS

Il devient fermier puis agent de police.

« Cet instant fut quelque chose d'incroyable et je m'en souviens encore comme d'un rêve.... »

RECORD
Il remporte ce marathon de 38 km en 2 h 58 min 50 s.

LE HÉROS DE TOUT UN PEUPLE

CHARLOTTE COOPER

IDENTITÉ

1870-1966

Anglaise

Tennis

Concurrente principale : Hélène Prévost, française

Réputée pour son jeu très offensif, cette tenniswoman anglaise arrive aux Jeux de 1900 dans les habits de favorite après ses victoires au prestigieux tournoi de Wimbledon en 1895, 1896 et 1898. À Paris, Charlotte Cooper remporte sans surprise les finales du double mixte puis du simple, sur les courts en terre battue de l'île de Puteaux, au milieu de la Seine. Elle gagne toutes ses rencontres en deux sets et devient la première femme à inscrire son nom au palmarès olympique dans une épreuve individuelle ! Le tout avec une classe *so british*.

OÙ SONT LES FEMMES ?

Absentes en 1896, les femmes participent en 1900 aux épreuves de tir, de voile, d'équitation, de golf et de tennis. Elles concourent également au curieux concours de croquet et à celui de la pêche.

11

Charlotte Cooper dispute onze finales de Wimbledon entre 1895 et 1912 !

JEUX DE 1900

Ils se déroulent entre la mi-mai et la fin octobre 1900, dans le cadre de l'Exposition universelle de Paris. Mais la plupart des Parisiens ne sont pas au courant !

INDESTRUCTIBLE

Charlotte Cooper remporte encore Wimbledon en 1901 et 1908. Lors de son dernier succès, elle a 37 ans et 296 jours. Personne n'a jamais égalé ce record.

2

MÉDAILLES

1900

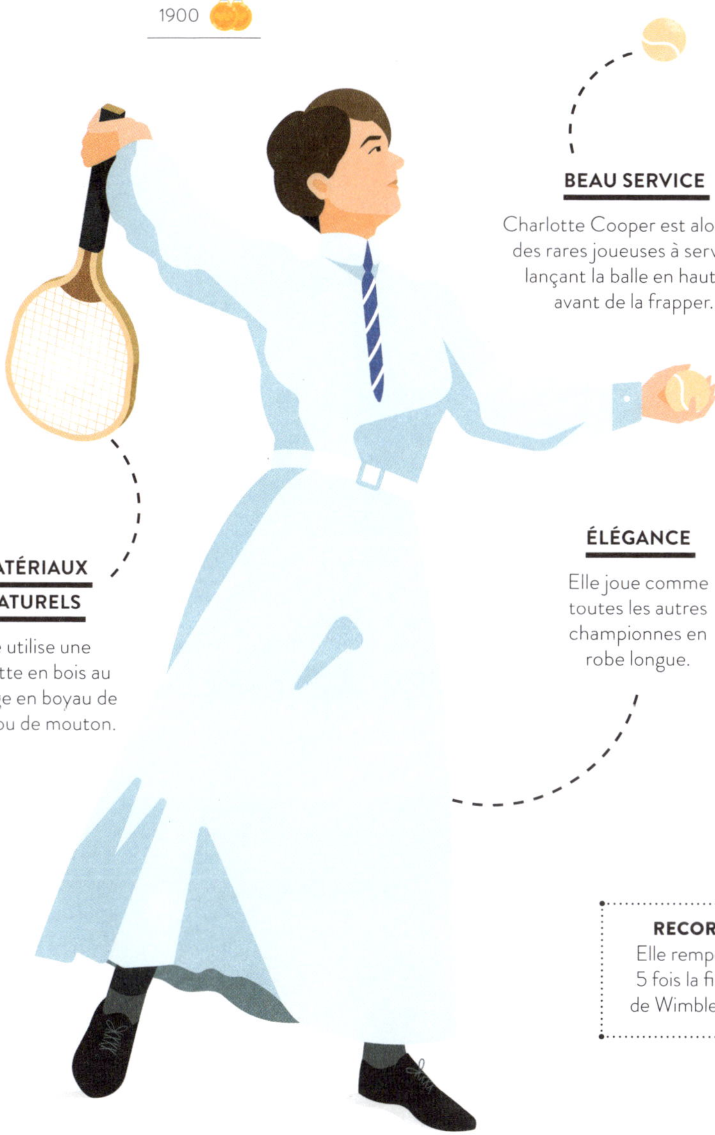

BEAU SERVICE

Charlotte Cooper est alors une des rares joueuses à servir en lançant la balle en hauteur avant de la frapper.

MATÉRIAUX NATURELS

Elle utilise une raquette en bois au cordage en boyau de bœuf ou de mouton.

ÉLÉGANCE

Elle joue comme toutes les autres championnes en robe longue.

RECORD
Elle remporte 5 fois la finale de Wimbledon.

UNE FEMME EN OR

MADGE SYERS

IDENTITÉ

1881-1917

Anglaise

Patinage artistique

Concurrente principale : Elsa Rendschmidt, allemande

Championne du monde de patinage artistique en 1906 et 1907, Madge Syers éblouit les spectateurs et les juges par la précision de ses figures. Star des Jeux de Londres (1908), elle remporte le titre olympique en individuel et la médaille de bronze avec son mari et entraîneur Edgar. Patineuse exceptionnelle, cette jeune Anglaise est la seule à avoir remporté des médailles en individuel et en couple dans toute l'histoire des jeux Olympiques. De santé fragile, elle se retire juste après l'épreuve de Londres et écrit des livres sur l'art du patinage.

AUDACIEUSE

Madge Syers participe aux championnats du monde de 1902 avec les hommes, car la catégorie féminine n'existe pas encore. Elle termine deuxième de la compétition !

JEUX DE 1900

Ils se déroulent pendant près de 6 mois avec la participation de 2008 athlètes (2 % de femmes), venus de 22 pays.

ET APRÈS

Madge Syers meurt d'une crise cardiaque en 1917, à 36 ans à peine.

DE LA GLACE EN ÉTÉ

Le patinage figure pour la dernière fois au programme des Jeux d'été en 1920, avant de devenir une discipline phare des premiers jeux Olympiques d'hiver à Chamonix (1924).

RECORD
Elle a gagné les deux premières éditions du championnat du monde de patinage artistique féminin (1906 et 1907) ! Elle avait été deuxième au championnat du monde mixte de 1902 !

ÉLÉGANTE

Elle porte toujours un chapeau.

MÉDAILLES

1908

INDISPENSABLES

Ses patins à glace

PERFECTIONNISTE

Elle est la première à réaliser des sauts parfaits.

LA FÉE DE LA GLACE

JIM THORPE

IDENTITÉ

1888-1953

Américain

Athlétisme

Pentathlon et décathlon

Concurrent principal : Hugo Wieslander, suédois

Sportif polyvalent, cet Américain né dans une réserve indienne remporte le pentathlon (saut en longueur, javelot, disque, 200 m et 1500 m) puis le décathlon (100 m, longueur, poids, hauteur, 400 m, disque, 110 m haies, perche, javelot et 1500 m) des Jeux de Stockholm (1912). Héros de la compétition, il améliore les deux records du monde de ces disciplines ! Mais la gloire est de courte durée. Accusé de professionnalisme, Jim Thorpe est privé de ses deux titres olympiques avant d'être réhabilité... en 1982.

PETITE STAR DU GRAND ÉCRAN

Après sa carrière sportive, Jim Thorpe devient acteur de cinéma, tournant essentiellement des rôles secondaires d'Amérindiens dans une cinquantaine de films.

ET APRÈS

Il joue dans des équipes professionnelles de base-ball puis de basket-ball jusqu'à l'âge de 41 ans !

DOUÉ EN TOUT

Athlète exceptionnel, il excelle au base-ball, fait carrière dans le basket-ball et devient une des premières grandes vedettes du football américain professionnel.

« Monsieur, vous êtes le meilleur athlète au monde. »

Gustav V (roi de Suède) à Jim Thorpe, en lui remettant ses médailles d'or

4

RECORD
Pour les Américains, Thorpe est le plus grand athlète du XXe siècle.

COSTAUD

Une force de la nature

MÉDAILLES

1912

ORIGINE

Il descend de métis amérindiens Sauk et Fox de l'Oklahoma.

ORIGINAL

Il porte deux chaussures différentes.

L'ATHLÈTE COMPLET

PAAVO NURMI

IDENTITÉ

1897-1973

Finlandais

Athlétisme

Fond : du 1500 au 20 000 m

Concurrent principal : Ville Ritola, finlandais

Après avoir fait ses débuts olympiques à Anvers, en 1920, le Finlandais Paavo Nurmi marque l'histoire du sport quatre ans plus tard, lors des Jeux de Paris, en devenant le premier athlète à décrocher cinq médailles d'or lors d'une seule édition. En l'espace de quatre jours, cet incroyable athlète remporte le 1500 m, le 5000 m, le 3000 m par équipe et les deux épreuves de cross. Jusqu'en 1932, Paavo Nurmi règne en maître sur le demi-fond et le fond mondial, multipliant médailles olympiques et records du monde.

INDESTRUCTIBLE

Il est disqualifié pour « professionnalisme » quelques jours avant le début des jeux Olympiques de Los Angeles en 1932. Encore vaillant à 35 ans, il rêvait de gagner le marathon.

22

C'est le nombre de records du monde battus par Nurmi, du 1500 m au 20 000 m.

JEUX DE 1924

Des concours artistiques sont organisés à l'occasion des Jeux de Paris en littérature, architecture et sculpture !

HONNEUR

En 1952, Paavo Nurmi a l'honneur d'embraser la vasque olympique avec la torche venue d'Olympie en Grèce, à l'occasion de la cérémonie d'ouverture des Jeux dans son pays.

5

ASCÉTIQUE

Très concentré, il ne sourit presque jamais.

LE MÉTRONOME

Il court avec son chronomètre !

MÉDAILLES

1920

1924

1928

RECORD
Nurmi a dominé pendant 12 ans le fond mondial, de 1920 à 1932.

POIDS LÉGER

Il mesure 1,74 m pour 65 kg et semble voler sur la piste.

LE FINLANDAIS VOLANT

JOHNNY WEISSMULLER

IDENTITÉ

1904-1984

Américain

Natation

Nage libre

Concurrent principal : Duke Kahanamoku, américain

Né en Hongrie, de parents autrichiens, Johnny Weissmuller commence la natation à 8 ans sur les conseils d'un médecin qui le trouvait trop chétif ! En 1922, il est le premier homme à nager le 100 m en moins d'une minute (58,9 s). Superstar des piscines, il n'a jamais été battu en course durant toute sa carrière, entre 1921 et 1929. Célèbre pour sa beauté de statue grecque, il remporte en tout cinq médailles d'or olympiques en natation (100 m, relais 4 x 200 m et 400 m) mais aussi une médaille de bronze en water-polo !

JEUX DE 1924

Le premier village olympique de l'histoire ouvre à Colombes, au nord de Paris. Outre des logements et des restaurants, il compte même un salon de coiffure !

28

Au cours de sa carrière, Weissmuller établit 28 records du monde. L'un d'eux a tenu 17 ans !

SEIGNEUR D'HOLLYWOOD

Juste après sa carrière, il devient une star du grand écran. L'homme-poisson devient homme-singe en jouant le rôle de Tarzan dans douze films avant de rejoindre la série des *Jungle Jim*.

RÉVOLUTIONNAIRE

Johnny Weissmuller fait évoluer la technique du crawl par la fréquence élevée de ses battements de bras. Il innove en réalisant ses virages totalement sous l'eau.

6

TECHNIQUE SPÉCIALE

Il nage le crawl avec la tête hors de l'eau, comme au water-polo.

GÉANT

Il mesure 1,90 m.

RECORD

Johnny Weissmuller détient pendant 10 ans le record du 100 m, de 1924 à 1934.

MÉDAILLES

1924

1928

UN CORPS SCULPTÉ

Il signe un contrat pour être mannequin dès 1929.

LA PREMIÈRE STAR

MILDRED DIDRIKSON

IDENTITÉ

1911-1956

Américaine

Athlétisme

Javelot, 80 m haies, saut en hauteur

Concurrente principale : Jean Shiley, américaine

Première star féminine des jeux Olympiques, cette jeune athlète américaine remporte deux médailles d'or et une médaille d'argent à Los Angeles dans des disciplines aussi différentes que le javelot, les haies et le saut en hauteur ! Incroyablement douée pour tous les sports, elle est aussi redoutée sur les terrains de basket-ball, de football américain et de base-ball à très haut niveau. Elle excelle enfin au ski et au tennis et détient même, pendant quelques années, le titre de meilleure golfeuse du monde.

POLYVALENTE

Considérée comme l'athlète la plus complète de l'histoire, Mildred Didrikson était faite pour le pentathlon. Mais celui-ci ne fit son apparition au programme olympique en tant que discipline féminine qu'en 1964.

1000

Quand elle s'entraîne au golf, Mildred Didrikson frappe 1000 balles par jour pour s'améliorer !

ET APRÈS

Professionnelle de golf, elle remporte 31 compétitions majeures de 1948 à 1956. Elle est alors la joueuse la mieux payée du monde !

IMPRESSIONNANTE

Lors des championnats américains de 1932, décisifs pour se qualifier pour les Jeux, elle bat en une seule après-midi quatre records du monde : javelot, 80 m haies, saut en hauteur et lancer de balle de base-ball !

RECORD
Sa collection de médailles dans trois disciplines très différentes n'a jamais été égalée.

PREMIÈRE
Elle est la première championne olympique en javelot !

INJUSTE
Elles sont deux à passer 1,65 m deux fois. Les juges estiment à tort que son second saut n'est pas réglementaire…

HAIES
À égalité de temps avec une autre athlète, son cassé de buste la classe première.

MÉDAILLES

1932

LA SURDOUÉE

JESSE OWENS

IDENTITÉ

1913-1980

Américain

Athlétisme

Sprinteur

Concurrent principal : Luz Long, allemand

Petit-fils d'esclaves de l'Alabama, Jesse Owens est le héros incontesté des jeux Olympiques de Berlin en 1936 avec ses quatre médailles d'or aux 100 m, 200 m, relais 4 x 100 m et saut en longueur. À 22 ans seulement, il triomphe sous les yeux du chancelier Hitler, vexé par les victoires de cet « auxiliaire africain de l'Amérique », comme le désigne, de manière méprisante, Goebbels, un ministre du Troisième Reich. Owens est le premier sportif noir de renommée internationale, et ses succès piétinent les thèses racistes du régime nazi.

UN AUTRE COMBAT

Courageux, le quadruple champion olympique met, après sa courte carrière, son extraordinaire notoriété au service des droits civiques déniés aux Noirs, dans un pays miné par la ségrégation raciale.

ET APRÈS

Sans ressources, le plus grand athlète américain de l'histoire doit accepter de travailler dans une station-service ou de courir contre des chevaux !

6

Le 25 mai 1935, il bat ou égale six records du monde en moins d'une heure.

HOMMAGES EN SÉRIE

Une rue et une école portent son nom à Berlin, deux timbres-poste ont été émis en son honneur aux États-Unis et un film, *La Couleur de la victoire*, a retracé ses exploits en 2016 !

RECORD
Son saut en longueur à 8,13 m en 1935 ne sera battu que 25 ans plus tard !

MÉDAILLES

1936

PUISSANT ET RAPIDE

Il mesure 1,78 m et pèse 75 kg.

BIEN CHAUSSÉ

Jesse Owens court avec des chaussures fournies par l'Allemand Adolf Dassler, le fondateur d'Adidas.

SUPER DÉTENTE

Il saute près de 2 m en hauteur en rouleau ventral.

LE PHÉNOMÈNE

MARJORIE GESTRING

IDENTITÉ

1922-1992

Américaine

Plongeon

Plongeoir de 3 m

Concurrente principale : Georgia Coleman, américaine

Reine du tremplin, Marjorie Gestring s'illustre aux jeux Olympiques de Berlin en remportant la médaille d'or de l'épreuve du plongeon au tremplin de 3 m devant une foule de 15 000 spectateurs. Elle n'a que 13 ans et demeure encore aujourd'hui la plus jeune championne olympique de l'histoire. Partie pour dominer les compétitions pendant de longues années, elle ne pourra jamais défendre son titre, les Jeux de 1940 et 1944 étant annulés... pour cause de Seconde Guerre mondiale.

INVINCIBLE

Son record devrait le rester pour l'éternité, car la limite d'âge des participants est désormais fixée à 14 ans. Deux garçons de moins de 14 ans ont aussi été médaillés, mais de bronze. Dimítrios Loúndras, à 10 ans en 1896, et Noël Vandernotte, à 12 ans en 1936.

ET APRÈS

Marjorie Gestring tente de se qualifier pour les Jeux de 1948 qui ont lieu à Londres, mais elle n'y parvient pas. Elle n'a pourtant que 26 ans !

JEUX DE 1936

Trois nouveaux sports font leur apparition : le basket-ball, le canoë-kayak et le handball. Et c'est la dernière apparition du sport automobile !

ALTER EGO

Chez les messieurs, la médaille d'or la plus précoce a été décernée au nageur japonais Kusuo Kitamura, âgé de 14 ans et 309 jours lors de sa victoire sur 1 500 m nage libre aux Jeux de 1932.

RECORD
La plus jeune championne olympique de tous les temps !

MÉDAILLES

1936

SUPERSTITIEUSE

Elle n'oublie jamais d'emporter son ours en peluche porte-bonheur.

EFFICACE

Elle réalise un saut très simple mais parfait.

UN ANGE

On découvre son sourire enfantin et ses boucles blondes sous son bonnet.

LA BENJAMINE

FANNY BLANKERS-KOEN

IDENTITÉ

1918-2004

Néerlandaise

Athlétisme

Sprinteuse

Concurrente principale : Dorothy Manley, britannique

Après avoir fait ses débuts olympiques en saut en hauteur, en 1936, l'athlète néerlandaise est l'héroïne des Jeux de Londres douze ans plus tard. Dotée d'une vitesse de pointe fulgurante, elle gagne sans difficulté le 100 m, le 200 m, le 4 x 100 m et le 80 m haies. Quatre épreuves, quatre médailles d'or avec à chaque fois un sprint qui enthousiasme les spectateurs. Très polyvalente, elle est désignée athlète féminine du siècle en 1999 par l'Association internationale des fédérations d'athlétisme.

INJUSTE

Elle aurait pu remporter aussi l'or en saut, car elle détient les records du monde de la longueur et de la hauteur ! Mais une règle limite les femmes à trois épreuves d'athlétisme !

16

Elle a détenu 16 records du monde dans huit épreuves différentes !

JEUX DE 1948

Il y a 59 pays au total qui participent aux Jeux de Londres, sans l'Allemagne qui n'est pas invitée. Ces Jeux sont les premiers à être retransmis, en partie, à la télévision.

MAMAN

Elle est surnommée la « ménagère volante » par les journalistes, car au moment de sa participation aux jeux Olympiques de Londres, elle a deux enfants. Les mères de famille athlètes n'étaient pas bien vues alors !

10

RECORD
Elle a participé à trois éditions des Jeux, avant et après guerre : 1936, 1948 et 1952 !

UNIQUE
Elle est l'une des rares mères de famille à devenir championne olympique.

MÉDAILLES
1948

RAPIDE ET LÉGÈRE
Elle semble voler sur la piste.

DANS LES HAUTEURS
Elle est la première à passer la barre des 1,70 m.

LA FUSÉE NÉERLANDAISE

MICHELINE OSTERMEYER

IDENTITÉ

1922-2001

Française

Athlétisme

Lancer du poids, lancer du disque, saut en hauteur

Concurrente principale : Amelia Piccinini, italienne

Avant les jeux Olympiques de 1948 à Londres, l'athlète et pianiste Micheline Ostermeyer s'entraîne beaucoup plus au piano, cinq heures par jour, que sur les pistes. Et pourtant, elle gagne sans difficulté la médaille d'or au lancer du disque avec 75 cm d'avance puis, quatre jours plus tard, une deuxième médaille d'or au lancer du poids. Enfin, elle termine troisième au saut en hauteur derrière les spécialistes de cette discipline, l'Américaine Alice Coachman et la Britannique Dorothy Tyler. Des Jeux sans fausse note.

RESTRICTION

Premier prix du Conservatoire de Paris, elle se destine à une carrière de concertiste. « Je pratiquais le sport par plaisir, le piano a toujours été ma priorité », affirmait-elle.

12

Elle remporte douze titres de championne de France, dans six disciplines différentes (disque, poids, saut en hauteur, 60 m, 80 m haies, pentathlon).

SHOW EN OR

Micheline Ostermeyer est si heureuse de sa première médaille d'or qu'elle célèbre sa victoire en donnant un récital Beethoven pour les athlètes français.

“ Le piano me donne le sens du geste et du rythme. ”

11

RECORD
Elle a été premier prix de piano au conservatoire de Paris et six fois championne de France au lancer du poids !

MÉDAILLES

1948

AÉRIENNE

En train de sauter en hauteur

DISCOBOLE

Un disque dans la main droite

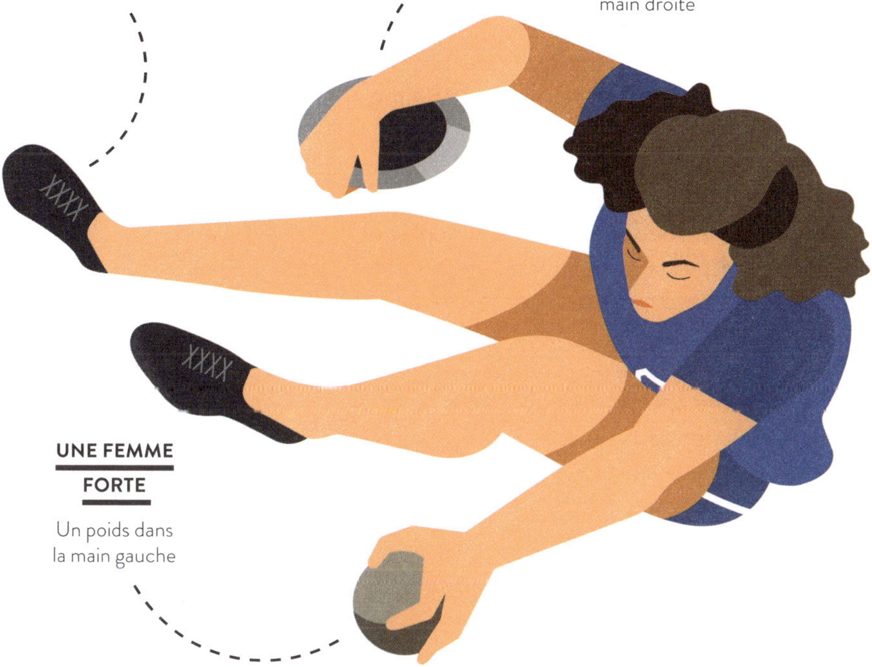

UNE FEMME FORTE

Un poids dans la main gauche

LA VIRTUOSE

EMIL ZÁTOPEK

IDENTITÉ

1922-2000

Tchécoslovaque

Athlétisme

5 000 m, 10 000 m, marathon

Concurrent principal : Alain Mimoun, français

Légende de l'athlétisme mondial, Emil Zátopek remporte le titre olympique au 10 000 m et la médaille d'argent au 5 000 m aux Jeux de Londres (1948). Quatre ans plus tard, à Helsinki, il domine le 5 000 m, le 10 000 m et le marathon. Il est le seul à avoir gagné ces trois courses lors d'une même édition des Jeux. Incroyable athlète, Zátopek est le premier à passer sous la barre des 29 minutes sur 10 000 m, sa distance fétiche sur laquelle il demeura invaincu de 1948 à 1954.

PRODIGIEUX

À Helsinki, alors qu'il n'avait jamais couru de marathon en compétition, il l'emporte avec deux minutes et demie d'avance ! Son temps de 2 h 23 min 3 s est même le nouveau record olympique.

JEUX DE 1952

Lors des Jeux d'Helsinki, il a la joie de voir sa femme, Dana, remporter la médaille d'or à l'épreuve du javelot.

À ceux qui trouvent son style inélégant, l'athlète répond :
« Ce n'est pas de la gymnastique ni du patinage, vous savez. »

DESCENTE AUX ENFERS

Nommé colonel dans l'armée de son pays après ses exploits sportifs, Emil Zátopek est dégradé en 1968 à cause de sa critique du gouvernement. Il travaille dans une mine d'uranium. Zátopek est réhabilité en 1975.

RECORD
Il a battu cinq fois le record du monde du 10 000m !

EXTÉNUÉ

Quand il court, il semble toujours épuisé et tire même la langue.

MÉDAILLES

1948	
1952	

GÉANT

Il mesure 1,82 m, une taille rare pour un marathonien.

GLADIATEUR

Il s'entraîne souvent avec les mollets lestés de plomb.

LA LOCOMOTIVE TCHÈQUE

BETTY CUTHBERT

IDENTITÉ

1938-2017

Australienne

Athlétisme

100 m, 200 m, 400 m, 4 x 100 m

Concurrente principale : Marlene Mathews, australienne

Spécialiste du sprint, cette athlète australienne est la star des jeux Olympiques de Melbourne, en 1956, alors qu'elle n'a que 18 ans. Elle est médaillée d'or au 100 m, au 200 m et au relais 4 x 100 m avec un record du monde à la clé. En 1964, Betty Cuthbert gagne une quatrième médaille d'or aux Jeux de Tokyo sur le 400 m, toute nouvelle épreuve féminine inscrite au programme olympique. Insatiable, Betty Cuthbert établit douze records du monde de 1956 à 1963, sur des distances allant de 60 à 400 m.

PERTE DE CONFIANCE

Avant les Jeux de 1956, Betty Cuthbert est persuadée qu'elle ne sera pas sélectionnée dans l'équipe d'Australie. Elle achète même des billets pour assister aux épreuves depuis les tribunes !

JEUX DE 1956

La RDA et la RFA sont contraintes par le Comité international olympique de former une seule équipe unifiée d'Allemagne.

ET APRÈS

Très malade, Betty Cuthbert porte la torche olympique sur son fauteuil roulant lors de la cérémonie d'ouverture des Jeux de Sydney en 2000.

PIONNIÈRE

Légende du sport mondial, elle a été la première athlète de l'histoire des jeux olympiques à remporter une médaille d'or sur les trois épreuves de sprint (100 m, 200 m et 400 m).

RECORD
La première sprinteuse complète, du 100 m au 400 m.

RICTUS
Elle court souvent la bouche ouverte.

EN ÉQUIPE
Elle participe au relais.

FRAGILE
Elle se retire des Jeux de Rome en 1960 à la suite d'une blessure à la cuisse.

MÉDAILLES

1956

1964

UNE FILLE EN OR

WILMA RUDOLPH

IDENTITÉ

1940-1994

Américaine

Athlétisme

100 m, 200 m, 4 x 100 m

Concurrente principale : Marlene Mathews, Australienne

À 16 ans, elle est sélectionnée dans l'équipe olympique américaine pour les Jeux de 1956 à Melbourne d'où elle revient avec une médaille de bronze au relais 4 x 100 m. Mais Wilma Rudolph se hisse véritablement au rang des légendes à Rome (1960) en devenant la première Américaine triple médaillée d'or sur une seule édition des Jeux. Deux ans après son succès planétaire, Wilma Rudolph se retire des stades et commence une brillante carrière d'enseignante et de commentatrice.

QUEL DESTIN !

Dix-septième enfant d'une fratrie de dix-huit, Wilma Rudolph naît prématurément et contracte de nombreuses maladies dans son enfance. Elle se forge alors un esprit et un mental de championne !

JEUX DE 1960

La télévision prend le pouvoir. Les Jeux de la XVIIe olympiade sont les premiers à être diffusés en mondovision.

ET APRÈS

Wilma Rudolph est invitée à la Maison-Blanche pour rencontrer le président John Fitzgerald Kennedy fraîchement élu. Un honneur que Jesse Owens n'avait pas eu.

MILITANTE

Pour fêter ses trois titres olympiques, elle oblige le gouverneur du Tennessee, un État américain ségrégationniste, à organiser une fête ouverte à tous, quelles que soient leur origine et leur couleur.

RECORD
Elle élève seule ses quatre enfants.

MÉDAILLES

1956	bronze
1960	or, or, or

DOUÉE
Très grande, elle excelle au basket-ball.

BLESSÉE
À Rome, elle court avec un bandage, car elle s'est foulé la cheville !

COURAGEUSE
Enfant, elle porte un appareil orthopédique pendant 5 ans à la jambe gauche.

LA GAZELLE

ABEBE BIKILA

IDENTITÉ

1932-1973

Éthiopien

Athlétisme

Marathon

Concurrent principal : Abdeslam Radi, marocain

Abebe Bikila est un inconnu quand il remporte le marathon de Rome en battant le record olympique (2 h 15 min 16 s). La ligne d'arrivée est située sous l'arc de Constantin, à l'endroit précis où Mussolini avait lancé ses troupes contre l'Éthiopie vingt-cinq ans plus tôt. Premier athlète subsaharien champion olympique, Bikila ouvre la voie à la domination des coureurs de fond africains. Quatre ans plus tard, il devient le premier athlète à gagner deux fois le marathon olympique en remportant l'épreuve de Tokyo.

UNE ENFANCE PAUVRE

Fils d'un berger, Abebe Bikila, enfant, est chargé de parcou rir les terres vallonnées de son village de Jato, afin de trouver le site le plus adapté pour faire paître le troupeau familial.

ET APRÈS

En 1969, il est victime d'un grave accident au volant d'une voiture offerte par l'empereur d'Éthiopie Hailé Sélassié. Il ne retrouvera jamais l'usage de ses jambes.

JEUX DE 1960

5 000 athlètes y participent, venus de 83 pays : un nombre record dû en partie à la création de nouveaux Etats après la décolonisation.

UN COUP DE POUCE DU DESTIN

Abebe Bikila n'avait pas été sélectionné dans l'équipe éthiopienne pour les Jeux de Rome. Il est appelé in extremis pour remplacer un autre athlète, Wami Biratu, blessé lors d'un match de football.

RECORD
Handicapé, il pratique encore la course en fauteuil roulant après 1969.

MÉDAILLES

1960
1964

INDESTRUCTIBLE

Il est opéré d'une appendicite aiguë six semaines avant son sacre de Tokyo.

DISCIPLINÉ

Il est soldat dans la garde de l'empereur d'Éthiopie Hailé Sélassié.

PARFOIS CHAUSSÉ

Habitué à courir pieds nus, il gagne ainsi à Rome mais il est chaussé à Tokyo.

LE ROI AUX PIEDS NUS

TOMMIE SMITH

IDENTITÉ

Né en 1944

Américain

Athlétisme

200 m

Concurrent principal : John Carlos, américain

Étudiant en sociologie à l'université de San José, Tommie Smith remporte un 200 m d'anthologie aux Jeux de Mexico avec un record du monde à la clé (19 min 83 s). Mais c'est lors de la remise des médailles qu'il entre dans l'histoire. Avec son compatriote John Carlos, il monte sur le podium le poing levé et ganté de noir, pour protester contre la ségrégation aux États-Unis et afficher son soutien au Black Power. Leur geste fait l'effet d'un coup de tonnerre, six mois après l'assassinat de Martin Luther King.

EXCLUS !

Tommie Smith et John Carlos sont renvoyés aux États-Unis par le président du Comité international olympique pour ce geste politique qui, selon lui, n'a pas sa place aux Jeux. Ils sont ensuite interdits de compétition à vie par leur fédération…

JEUX DE 1968

« Il a suffi de quelques secondes pour que l'Amérique fasse de moi un paria. Mais il a fallu trente-cinq ans pour qu'elle me transforme en héros. »

HOMMAGE TARDIF

Ignorés et méprisés pendant de longues années, Tommie Smith et John Carlos doivent attendre 2016 pour être honorés par le président Barack Obama lors d'une cérémonie à la Maison-Blanche.

9

C'est le nombre de records du monde individuels ou collectifs détenus par Tommie Smith entre 1965 et 1968.

LE VISAGE GRAVE

Acte courageux
et dangereux :
il sera exclu.

GANTÉ

Symbole
du Black Power

MÉDAILLES

1968

BADGE

Il porte le même que les deux autres sportifs sur le podium. Son intitulé : *Olympic Project for Human Rights.*

RECORD

Ce très grand athlète continue aujourd'hui à œuvrer pour la défense des droits humains !

BLACK PANTHER

BOB BEAMON

IDENTITÉ

Né en 1946

Américain

Athlétisme

Saut en longueur

Concurrent principal : Lynn Davis, gallois

Un violent orage est sur le point d'éclater sur le stade de Mexico quand Bob Beamon signe un exploit de légende en finale du saut en longueur des Jeux de 1968. La course d'élan de son premier essai est parfaite. Alors qu'il n'est pas favori, il semble voler un instant avant d'atterrir 8,90 m plus loin : record du monde battu de 55 cm ! Un bond si inattendu qu'il faut aller chercher un décamètre à ruban pour prendre sa mesure exacte. Cinquante ans après, il reste le plus vieux record olympique de l'athlétisme.

OUF !

Champion des États-Unis de saut et triple saut, Beamon aime prendre des risques. Pendant les qualifications, il « mord » deux fois la planche d'appel. Un échec de plus et il était éliminé de ce concours mythique.

JEUX DE 1968

À Mexico, six records sont battus en 24 heures avec, à chaque fois, 2 m/s de vent favorable, le maximum autorisé.

ET APRÈS

Après ce saut extraordinaire, le longiligne Bob Beamon ne parviendra plus jamais à dépasser 8,20 m.

SUR LE TOIT DU MONDE

Ce record du monde a tenu vingt-trois ans et n'a été battu qu'une fois, lors du championnat du monde de Tokyo (1991). Les Américains Carl Lewis et Mike Powell s'affrontent et Powell atteint alors 8,95 m !

GESTE TECHNIQUE

Ses mains lui servent à garder l'équilibre.

RECORD

Il bat déjà le record du monde lors des sélec- tions américaines aux Jeux avec un bond à 8,39 m, non homologué à cause d'un vent favorable.

UN OISEAU

Il s'élève jusqu'à 1,82 m de haut.

LONGILIGNE

1,91 m pour 68 kg

MÉDAILLES

1968

L'ARAIGNÉE DE L'ESPACE

MARK SPITZ

IDENTITÉ

Né en 1950

Américain

Natation

100 m et 200 m nage libre et papillon

Concurrent principal : Jerry Heidenreich, américain

Très déçu par ses Jeux de 1968 à Mexico où il gagne deux médailles d'or dans les relais mais aucune dans les courses individuelles, Mark Spitz promet d'être la star des piscines lors des Jeux de Munich. Il tient parole en s'imposant avec panache dans les sept épreuves auxquelles il participe. Bonus, il bat le record du monde pour chacune d'entre elles ! Dans sa courte carrière, le jeune nageur américain détiendra au total 26 records du monde en individuel !

PRÉSOMPTUEUX

Avant de disputer les jeux Olympiques à Mexico, à 18 ans seulement, il avait fièrement annoncé qu'il gagnerait six médailles d'or. Il n'en gagne que deux et devra attendre quatre ans pour réaliser son rêve, mais en faisant encore mieux.

JEUX DE 1972

Un commando palestinien prend en otage des athlètes israéliens dans le village olympique à Munich : onze d'entre eux sont tués.

ET APRÈS

Conscient qu'il ne fera jamais mieux, Mark Spitz se retire de la compétition à l'âge de 22 ans seulement.

NUMÉRO 2

Mark Spitz détient durant trente-six ans le record du plus grand nombre de médailles d'or lors des mêmes Jeux. Mais il sera battu aux Jeux de Pékin (2008) par son compatriote Michael Phelps, un autre phénomène.

18

RECORD
26 records du monde individuels et 5 en relais dans sa carrière !

MONSIEUR TOUT LE MONDE

Il mesure 1,82 m, une taille modeste, et sa musculature n'est pas imposante.

NATURE

Il nage sans lunettes et sans bonnet.

MÉDAILLES

1968
1972

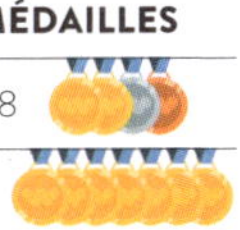

PRÉCIEUSE MOUSTACHE

Il affirme qu'elle l'empêche de boire la tasse !

LA TORPILLE

NADIA COMANECI

IDENTITÉ

Née en 1961

Roumaine puis américaine

Gymnastique

Exercices au sol, saut de cheval, barres asymétriques, poutre et concours général

Concurrente principale : Nellie Kim, russe soviétique

Enfant prodige, Nadia Comaneci fait sensation aux Jeux de Montréal en 1976. Âgée de 14 ans, elle est la première gymnaste de l'histoire olympique à obtenir la note parfaite de 10. Elle remporte trois médailles d'or (aux barres asymétriques, au concours général et à la poutre), une d'argent (par équipe) et une de bronze (au sol). Quatre ans plus tard, elle gagne deux autres médailles d'or à Moscou mais termine deuxième dans le concours général derrière la Soviétique Yelena Davydova.

« Vous ne concourez pas pour une note, vous êtes en compétition avec vous-même pour donner le meilleur. »

JEUX DE 1976

Le Canada ne remporte aucune médaille d'or ! C'est la seule fois pour un pays hôte dans toute l'histoire olympique jusqu'à aujourd'hui.

ICÔNE COMMUNISTE

En Roumanie, la championne Nadia Comaneci incarne le triomphe du communisme sur le capitalisme. Nicolae Ceauşescu qui dirige le pays d'une main de fer lui décerne le titre prestigieux de « héros du travail socialiste » !

UN COUPLE EN OR

Après son retrait de la compétition, Comaneci se réfugie aux États-Unis en 1989. Elle se marie avec Bart Conner, un gymnaste américain double médaillé d'or aux Jeux de Los Angeles (1984).

19

MÉDAILLES

1976

1980

RECORD

Elle conserve son titre à la poutre aux Jeux de Moscou en 1980.

PETIT GABARIT

Elle ne mesure que 1,62 m.

VIRTUOSE

Elle fait des sauts périlleux sur une poutre large de 10 cm.

TRAVAIL ACHARNÉ

Elle répète ses figures des milliers de fois.

L'ANGE BLANC

SEBASTIAN COE

IDENTITÉ

Né en 1956

Anglais

Athlétisme

800 m, 1500 m

Concurrent principal : Steve Ovett, anglais

Détenteur du record du monde, le coureur anglais arrive en grand favori du 800 m aux Jeux de 1980 à Moscou. Mais il réalise selon ses dires « la pire course de sa vie » et termine deuxième derrière son rival Steve Ovett. Six jours après, il prend sa revanche en remportant le 1500 m. Quatre ans plus tard, le même scénario se produit. Sebastian Coe termine deuxième dans le 800 m et gagne la finale du 1500 m avec six mètres d'avance. Il est le seul athlète à avoir été médaillé d'or sur cette distance à deux reprises.

TU SERAS UN HOMME, MON FILS

Sebastian Coe est entraîné dès son plus jeune âge par un père très exigeant. Après sa médaille d'argent au 800 m à Moscou, celui-ci dit à son fils : « Le premier est le premier, le deuxième n'est rien. »

JEUX DE 1980

Les États-Unis et une cinquantaine de nations boycottent les Jeux à la suite de l'invasion de l'Afghanistan par l'Union soviétique en 1979.

9

C'est le nombre de records du monde battus par Sebastian Coe : 800 m, 1000 m, 1500 m, Mile, 4 x 800 m.

LEADER NÉ

Le roi du demi-fond va aussi vite hors des stades : député à la Chambre des communes (de 1992 à 1997), anobli par la reine comme baron Coe of Ranmore (2000), il a présidé le Comité d'organisation des Jeux de Londres (2012).

RECORD
Il préside depuis 2015 l'Association internationale des fédérations d'athlétisme.

BON COACH
C'est son père qui a amélioré sa technique de course.

MORPHOLOGIE PARFAITE
Sebastian Coe est fin et léger mais avec des jambes très musclées.

LA CLASSE
Il court avec une élégance rare et sans effort apparent.

MÉDAILLES

1980	or, argent
1984	or, argent

LE SEIGNEUR DES ANNEAUX

BIRGIT FISCHER

IDENTITÉ

Née en 1962

Allemande

Canoë-kayak K1, K2, K4 (kayak à 1, 2 ou 4 places)

Concurrente principale : Vania Gesheva, bulgare

Seule femme à avoir gagné une médaille d'or dans six éditions différentes des jeux Olympiques, cette kayakiste allemande affiche cet incroyable palmarès sous les couleurs de la RDA (ancienne Allemagne de l'Est) puis sous celles de l'Allemagne réunifiée. Elle est aussi la seule à avoir remporté des médailles olympiques à vingt ans d'intervalle. Sa moisson de récompenses aurait pu être plus impressionnante, mais elle a dû renoncer aux Jeux de Los Angeles (1984), boycottés par les pays communistes d'Europe centrale.

INUSABLE

Passionné de kayak, son père l'entraîne sur la rivière Havela avec ses deux frères. Elle n'a que six ans mais montre d'incroyables qualités. Elle sera, à 18 ans, la plus jeune championne olympique de kayak et, à 42 ans, la plus âgée !

35

Elle a remporté 35 médailles d'or internationales : 27 aux championnats du monde entre 1979 et 1988 et 8 aux jeux Olympiques de 1980 à 2004 !

ET APRÈS

Birgit Fischer a ouvert une école de canoë en 2004, mais elle a aussi envisagé de participer aux Jeux de 2012 ! Ses cardiologues l'en ont dissuadée.

QUELLE FAMILLE !

En kayak, son frère Frank a été plusieurs fois champion du monde et sa nièce Fanny a remporté l'or aux Jeux de Pékin (2008). Sa belle-sœur, la nageuse Sarina Hülsenbeck, a été aussi médaillée d'or aux Jeux de Moscou (1980) !

21

RECORD

Elle est la deuxième championne la plus médaillée aux Jeux après la gymnaste russe Larissa Latynina.

MÉDAILLES

1980

1988

1992

1996

2000

2004

EXPERTE

Elle manie avec dextérité sa double pagaie.

SOLIDE

Birgit Fischer mesure 1,73 m pour 68 kg.

BIEN INSTALLÉE

Les kayakistes sont assis, les jambes en avant.

LA CANNIBALE

DALEY THOMPSON

IDENTITÉ

Né en 1958

Britannique

Décathlon
10 épreuves dans 10 disciplines de l'athlétisme

Concurrent principal : Jürgen Hingsen, allemand

Né d'un père nigérian et d'une mère écossaise, ce spécialiste du décathlon participe à ses premiers jeux Olympiques en 1976 à l'âge de 18 ans. Quatre ans plus tard, il décroche la médaille d'or à Moscou puis il récidive à Los Angeles. Il est le premier athlète à conserver son titre du décathlon depuis l'Américain Bob Mathias (Jeux de 1948 et de 1952). Athlète complet, particulièrement doué dans les courses et les sauts, il est aussi connu pour son sens de la compétition et son fort caractère.

LA STAR

En 1984, il est le premier sportif à avoir un jeu vidéo qui lui est dédié ! Les joueurs participent sur leur console aux dix épreuves du décathlon et sont éliminés en cas de mauvaises performances !

8 847

C'est le nombre de points de son record du monde en 1984, il ne sera battu que huit ans plus tard.

DISCIPLINE

Elle compte dix épreuves : quatre courses (100 m, 400 m, 110 m haies et 1500 m), trois sauts (longueur, hauteur et perche) et trois lancers (poids, disque et javelot).

INVINCIBLE

Entre 1979 et 1987, il gagne tous ses décathlons dans les meetings et les compétitions officielles. Il est champion du monde de sa discipline en 1983 à Helsinki, champion d'Europe en 1982 et en 1986.

22

RECORD
Il a été trois fois recordman du monde du décathlon : en 1980, 1983 et 1984.

COLOSSE
Il mesure 1,83 m et pèse 92 kg.

QUELLE DÉTENTE !
Il peut sauter 8,01 m en longueur et 2,14 m en hauteur.

SPRINTER
Il court le 100 m en 10 s 26.

MÉDAILLES

1980
1984

LE GLADIATEUR

NAWAL EL MOUTAWAKEL

IDENTITÉ

Née en 1962

Marocaine

Athlétisme

400 m haies

Concurrente principale : Judi Brown, américaine

En remportant à la surprise générale le 400 m haies à Los Angeles en 1984, avec une confortable avance sur ses adversaires, cette Marocaine de 22 ans entre dans l'histoire de l'olympisme : elle est la première Africaine, arabe et musulmane médaillée d'or aux Jeux. Véritable star dans son pays, Nawal El Moutawakel remporte plusieurs titres de championne d'Afrique avant de laisser short et pointes au vestiaire et d'entamer une carrière d'entraîneur mais aussi de femme politique.

“ J'ai commencé les haies à 15 ans, en 1977, et très vite j'ai battu tous les records marocains dans ma catégorie. Je courais pieds nus et devançais tous les garçons. ”

ET APRÈS

Féministe engagée, Nawal El Moutawakel est devenue vice-présidente du Comité international olympique après avoir été ministre puis députée du Maroc !

JOIE NATIONALE

La finale du 400 m haies est retransmise en direct : il est 2 heures du matin au Maroc. Après sa victoire, la foule envahit les rues de Casablanca, sa ville natale, pour célébrer son héroïne. En 1983, aux Jeux méditerranéens, elle avait aussi gagné.

MODÈLE

Sa victoire fait naître un espoir de liberté chez des millions de femmes dans les pays arabes. Après elle, Hassiba Boulmerka (Algérie) gagne le 1 500 m en 1992, Fatuma Roba (Éthiopie) le marathon en 1996 et Habiba Ghribi (Tunisie) le 3 000 m steeple en 2012.

RECORD
Aux Championnats d'Afrique au Caire en 1982, elle remporte aussi bien le 100 m haies que le 400 m haies !

PARCOURS DU COMBATTANT

Toutes les courses de haies en comptent dix. Au 400 m, la première haie se trouve à 45 m du départ et les suivantes tous les 35 m.

ARMES FATALES

Elle dispose de deux atouts complémentaires : vitesse et détente.

ÉPUISANT

Chaque haie mesure 76,2 cm dans la version féminine de cette épreuve contre 91,4 cm chez les hommes.

MÉDAILLE

1984

L'HÉROÏNE

CARL LEWIS

IDENTITÉ

- Né en 1961
- Américain
- Athlétisme
- 100 m, 200 m, longueur, 4 x 100 m
- Concurrents : Linford Christie, britannique, et Mike Powell, américain

Héros moderne des jeux Olympiques, Carl Lewis est un athlète hors norme, aussi puissant qu'élégant. À Los Angeles, en 1984, l'Américain remporte le 100 m, le saut en longueur, puis le 200 m, avant de boucler sa folle semaine par la conquête de la médaille d'or au relais 4 x 100 m. Il devient alors l'égal du mythique Jesse Owens, héros des Jeux de Berlin en 1936 et idole de son enfance. Ce nouveau dieu du stade participe à trois autres éditions des Jeux, glanant cinq autres médailles d'or et une d'argent.

UNIQUE

Avec ses 4 victoires olympiques consécutives au saut en longueur, Carl Lewis est le seul athlète à avoir remporté plus d'une fois ce concours. Avec ses 9 médailles d'or aux Jeux et ses 11 records du monde, il semble inégalable.

ESPRIT DE COMPÉTITION

Devenu moins rapide, Lewis ne se qualifie que pour le saut en longueur aux Jeux de 1994 à Atlanta. Il parvient de justesse en finale après trois essais mais c'est lui qui remporte l'or olympique !

« Si tu n'as pas confiance, tu trouveras toujours une manière de perdre. »

65

De 1981 à 1991, il remporte 65 épreuves consécutives en saut en longueur !

RECORD
Recordman du monde du 200 m en 1983, du 100 m en 1991, du saut en longueur en 1991 et du 4 x 100 m en 1992.

GÉANT
Il mesure 1,88 m. C'est 10 cm de plus que Ben Johnson, son rival canadien, convaincu de dopage en 1988.

MÉDAILLES
- 1984
- 1988
- 1992
- 1996

DÉTENTE PHÉNOMÉNALE
Carl Lewis a débuté à l'âge de 13 ans en faisant du saut en longueur.

LA STAR
Il porte son nom brodé en or sur ses chaussettes.

KING CARL

STEVE REDGRAVE

IDENTITÉ

Né en 1962

Anglais

Aviron

Deux sans barreur et quatre avec ou sans barreur

Concurrents : les frères Abbagnale, italiens.

Plus grand rameur de tous les temps, le héros britannique de l'aviron a remporté des médailles d'or dans cinq éditions successives des jeux Olympiques, de Los Angeles (1984) à Sydney (2000). Cinq jeux Olympiques, cinq médailles d'or ! Animé par un esprit incroyable de combativité et une farouche volonté de gagner, Steve Redgrave domine les compétitions internationales avec une régularité et une efficacité impressionnantes. En plus de ses titres olympiques, il remporte neuf titres de champion du monde !

DANGEREUSES PAROLES

Épuisé par la conquête de sa quatrième médaille d'or (1996), Steve Redgrave annonce sa retraite en affirmant avec humour : « Si quelqu'un me revoit près d'un bateau, il a le droit de m'abattre »... Il reprend la compétition un an plus tard !

JEUX DE 1988

À Séoul éclate un scandale énorme : le Canadien Ben Johnson, vainqueur du 100 m avec un nouveau record du monde, est disqualifié pour dopage, deux jours après sa victoire.

ET APRÈS

En 2001, il est anobli par la reine Élisabeth II d'Angleterre, au palais de Buckingham. On l'appelle désormais Sir Redgrave.

HÉROS BRITANNIQUE

Lors de la cérémonie d'ouverture des Jeux de Londres, en 2012, il est le dernier porteur de la flamme olympique. Il la donne ensuite à de jeunes espoirs du sport britannique pour qu'ils allument la vasque.

HERCULE

Il mesure 1,96 m et pèse 105 kg.

RECORD

Il est l'un des trois seuls athlètes à avoir gagné 5 médailles d'or lors de 5 Jeux différents. Les autres sont l'escrimeur hongrois Pál Kovács et le cavalier allemand Reiner Klimke.

MÉDAILLES

1984
1988
1992
1996
2000

PRÉVOYANT

Il porte le plus souvent des lunettes de soleil.

HISTORIQUE

Les Jeux de Paris de 1900 accueillent les premières compétitions d'aviron.

LE DIEU DES EAUX

MARIE-JO PÉREC

IDENTITÉ

Née en 1968

Française

Athlétisme

200 m, 400 m, 4 x 400 m, 400 m haies

Concurrente principale : Merlene Ottey, jamaïcaine

En triomphant à Barcelone, cette reine du sprint est la seconde athlète française médaille d'or olympique sur 400 m après Colette Besson en 1968. Ce n'est qu'un début. À Atlanta en 1996, elle remporte à nouveau l'or, une première dans les épreuves féminine et masculine aux Jeux. Trois soirs plus tard, lors de la finale du 200 m, la longiligne Guadeloupéenne bat d'un mètre la Jamaïcaine Merlene Ottey. Seule athlète française triple championne olympique, elle entre à jamais dans la légende.

JEUX DE 1992

Pour la première fois, les joueurs professionnels de basket sont autorisés à participer aux Jeux. La Dream Team américaine gagne l'or sans difficulté.

LA CHAMPIONNE

Plus de vingt ans après les avoir battus, Marie-Jo Pérec détient toujours les records de France suivants : 200 m (21 s 99, 1996), 400 m (48 s 25, 1996), 400 m haies (53 s 21, 1995) et relais 4 x 400 m (3 min 22 s 34, 1994).

DANS LA COUR DES GRANDES

Elle est la seconde coureuse de l'histoire des Jeux à remporter à la fois le 400 m et le 200 m. L'Américaine Valérie Brisco-Hooks, en 1984, avait réalisé le même exploit, mais en l'absence des sprinteuses d'Europe de l'Est.

« C'était une question de vie ou de mort pour moi. Une course pas gagnée était la fin du monde. »

Marie-José Pérec,
dix ans après la fin de sa carrière

RECORD
Marie-Jo Pérec est la seule athlète française à avoir remporté 3 médailles d'or aux jeux Olympiques !

EN APNÉE

Lors de la finale de 1992, elle arrête de respirer pendant neuf foulées, espérant aller plus vite !

ELANCÉE

Fine et légère, elle est aussi très puissante.

MÉDAILLES

1992
1996

JAMBES DE GAZELLE

Sa foulée mesure 2,20 m.

LA DIVA DIVINE

VALENTINA VEZZALI

IDENTITÉ

Née en 1974

Italienne

Escrime

Fleuret

Concurrente principale : Nam Hyun-hee, sud-coréenne

Légende de l'escrime, cette fleurettiste italienne remporte sa troisième médaille d'or aux jeux Olympiques de Pékin (2008). En montant sur la plus haute marche du podium, elle devient la première, toute arme — épée, fleuret et sabre — et tout sexe confondus, à remporter trois titres individuels consécutifs. Dotée d'une exceptionnelle maîtrise technique et d'une volonté hors norme, Valentina Vezzali a aussi gagné trois médailles d'or olympiques dans la compétition par équipe (1996, 2000, 2012).

JAMAIS BATTUE

Aux jeux Olympiques de Londres (2012), l'Italienne est menée de quatre touches à treize secondes de la fin pour la conquête du bronze. Elle réussit à revenir au score et emporte sa dernière médaille individuelle !

22

En plus de ses six médailles olympiques, elle a aussi remporté six titres individuels de championne du monde et dix par équipe.

ET APRÈS

Entrée dans la vie politique, elle a été élue à la Chambre des députés du Parlement italien en 2013.

UN SPORT OLYMPIQUE

Présente depuis la première édition de 1896 avec le fleuret et le sabre, l'escrime a toujours figuré au programme olympique masculin. Les femmes ont dû attendre 1924 pour le fleuret, 1996 pour l'épée et 2004 pour le sabre.

RECORD
Elle est l'escrimeuse la plus titrée de l'histoire.

HABILE

Elle tient à distance ses adversaires avec son bras droit.

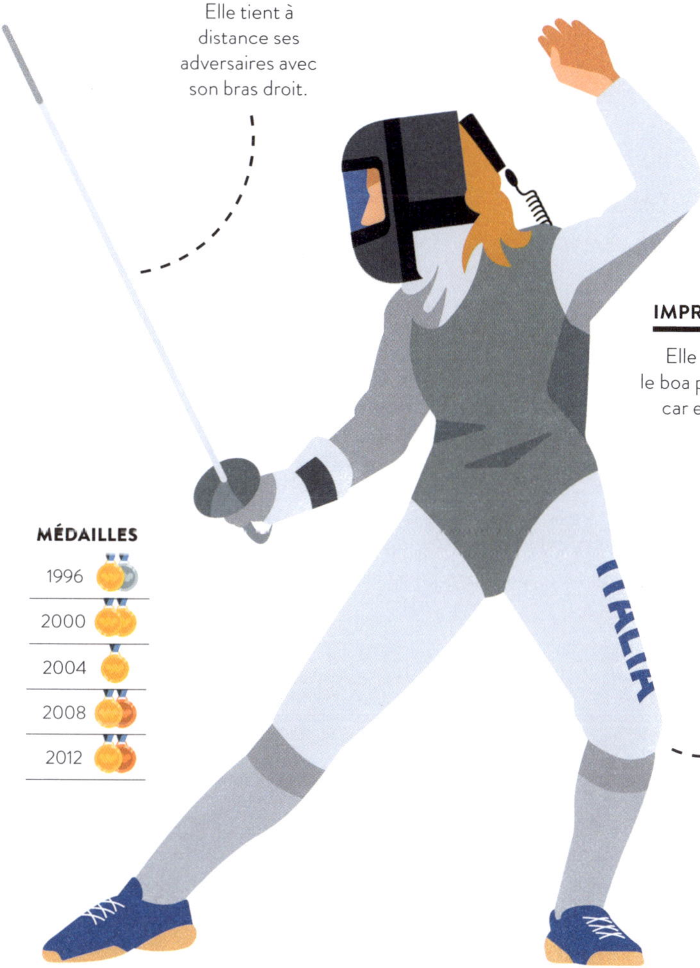

IMPRESSIONNANTE

Elle est surnommée le boa par ses adversaires, car elle les terrorise !

FRAGILISÉE

Elle a été opérée du genou gauche au milieu de sa carrière.

MÉDAILLES

1996
2000
2004
2008
2012

LA « SIGNORINA »

MICHAEL JOHNSON

IDENTITÉ

Né en 1967

Américain

Athlétisme

200 m, 400 m, 4 x 400 m

Concurrent principal : Frankie Fredericks, namibien

Michael Johnson remporte aux jeux Olympiques de Barcelone (1992) sa première médaille d'or avec le relais 4 x 400 m. Mais son heure de gloire a lieu lors de l'édition suivante, à Atlanta (1996) : l'Américain réussit le seul doublé 200 m et 400 m de l'histoire de l'athlétisme masculin. Sprinter d'exception par sa vitesse, son style inimitable mais aussi la longueur de sa carrière, il conserve son titre sur le tour de piste, quatre ans plus tard à Sydney.

SÉRIEUX

Michael Johnson se consacre dans sa jeunesse à ses études à l'université de Baylor à Waco, pratiquant le sport pour le plaisir. Diplôme de comptabilité en poche, il se consacre au sprint à temps plein à partir de 1990.

58

Entre 1990 et 1997, « MJ » ne connaît pas la défaite : il remporte 58 courses consécutives sur 400 m.

ET APRÈS

Il devient consultant pour les médias et manager de Jeremy Wariner, médaille d'or du 400 m à Athènes en 2004.

HOMME DE RECORDS

Aux championnats du monde (1999), il établit en 43 s 18 un record du monde du 400 m qui tiendra dix-sept ans ! Aux Jeux d'Atlanta (1996), il réalise 19 s 32 sur 200 m, record du monde, battu seulement douze ans plus tard par Usain Bolt.

RECORD
Il est recordman du monde du 200 m en 1996, du 400 m en 1999 et du 4 x 400 m en 1993.

LA STATUE

Quand il court, son torse reste droit, légèrement penché vers l'arrière.

MÉDAILLES

1992	1
1996	2
2000	1

EN OR

Il court son fabuleux doublé avec des chaussures dorées.

PETITES FOULÉES

Ses pieds donnent l'impression de ne jamais quitter la piste.

SUPERMAN

MARIA MUTOLA

IDENTITÉ

Née en 1972

Mozambicaine

Athlétisme

800 m

Concurrentes principales : Ana Fidelia Quirot, cubaine, et Stéphanie Graf, allemande

Dans son enfance, cette jeune Mozambicaine excelle d'abord au football avant de montrer tout son talent sur le 800 m. Incroyablement douée, elle participe à 20 ans seulement à ses premiers Jeux à Barcelone. Quatre ans plus tard, elle monte sur la troisième marche du podium à Atlanta. Son heure de gloire arrive à Sydney en 2000 avec sa médaille d'or, une première pour le sport mozambicain ! Toujours dans le coup, elle termine encore quatrième aux Jeux d'Athènes en 2004 et cinquième à Pékin en 2008.

GÉNÉREUSE

En 2003, elle gagne un million de dollars en étant invaincue dans les six meetings les plus importants de l'année. Avec une partie de cette somme, elle finance le développement du sport pour les enfants défavorisés de son pays.

ET APRÈS

Maria Mutola dispute avec l'équipe du Mozambique de football les Jeux africains de 2011 et inscrit un but contre l'Algérie.

HÉROÏNE NATIONALE

Immensément populaire, Maria Mutola est accueillie par une foule en liesse à Maputo après son titre olympique. Une avenue porte désormais son nom dans la capitale.

10

Trois titres mondiaux en plein air (1993, 2001, 2003) et sept en salle (1993, 1995, 1997, 2001, 2003, 2004, 2006).

RECORD
Elle participe à 5 olympiades consécutives en allant toujours en finale du 800 m !

ÉLÉGANTE

Elle remporte sa finale olympique avec un beau collier en or.

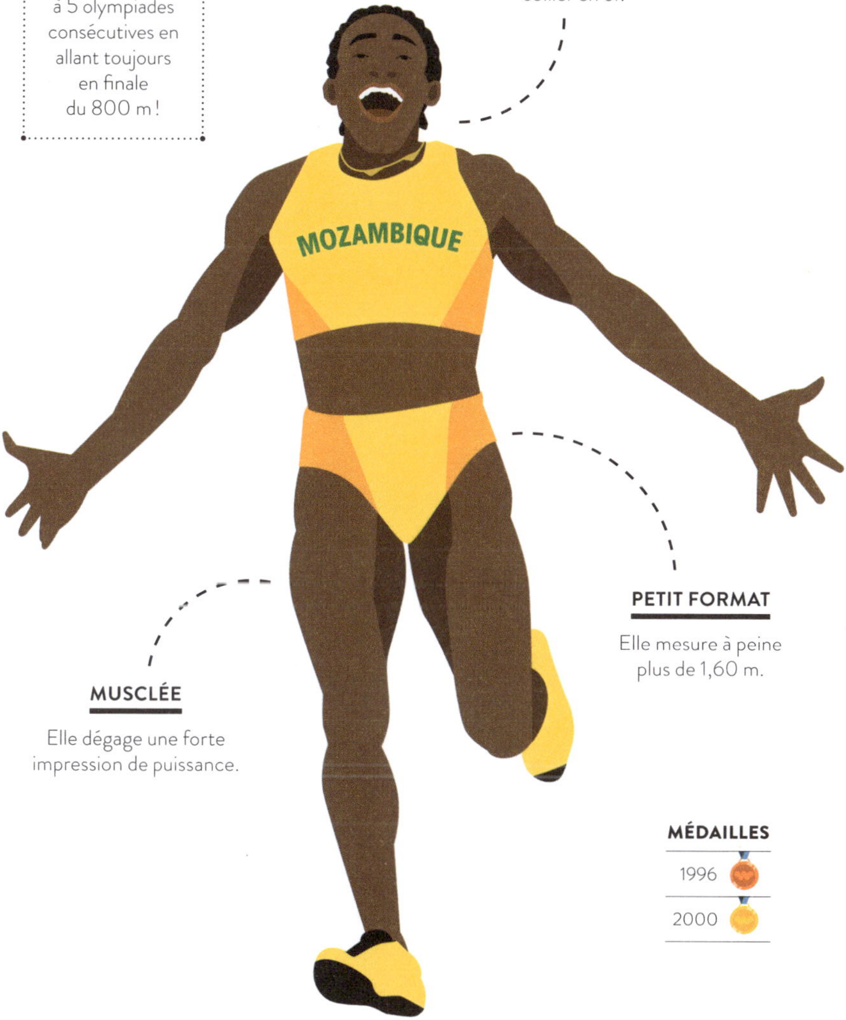

PETIT FORMAT

Elle mesure à peine plus de 1,60 m.

MUSCLÉE

Elle dégage une forte impression de puissance.

MÉDAILLES

1996	bronze
2000	or

MAPUTO EXPRESS

CATHY FREEMAN

IDENTITÉ

Née en 1973

Australienne

Athlétisme

400 m

Concurrente principale : Marie-José Pérec, française

D'origine aborigène comme plusieurs centaines de milliers de ses compatriotes australiens, Cathy Freeman s'impose comme l'étoile montante de l'athlétisme dans son pays au milieu des années 1990. Vice-championne olympique du 400 m en 1996 à Atlanta, derrière Marie-José Pérec, elle va prendre une revanche éclatante. Championne du monde de la discipline en 1997 et 1998, elle gagne l'or olympique, chez elle, devant une foule en délire lors des Jeux de 2000 à Sydney.

ENGAGÉE

Cathy Freeman demande des excuses publiques au gouvernement en rappelant qu'au XIXe siècle, en Australie, des enfants aborigènes ont été, comme sa propre grand-mère, arrachés à leur famille et envoyés vivre chez des Blancs.

ET APRÈS

En 2007, elle a créé une fondation pour améliorer l'éducation des enfants aborigènes.

« Je sentais la piste sous la pointe de mes pieds et je n'oublierai jamais que c'était comme si j'étais portée, comme un surfeur sur une vague. »

QUEL SYMBOLE !

Lors de l'ouverture des Jeux de Sydney, Cathy Freeman est choisie pour allumer la flamme olympique. Un honneur et une nouveauté, car la vasque est traditionnellement embrasée par une gloire du passé.

RECORD
Le Comité international olympique accepte qu'elle arbore un drapeau non officiel après sa victoire en 2000, ce qui est normalement interdit.

COCON

Freeman a gagné son titre avec une combinaison comprenant une capuche.

PACIFIQUE

Elle effectue son tour d'honneur avec le drapeau australien et le drapeau aborigène.

ÉMOTION

À la fin de sa course, elle est au bord des larmes.

MÉDAILLES

1996	argent
2000	or

L'ICÔNE ABORIGÈNE

YELENA ISINBAYEVA

IDENTITÉ

- Née en 1982
- Russe
- Athlétisme
- Saut à la perche
- Concurrente principale : Svetlana Feofanova, russe

Cette jeune Russe commence le saut à la perche à 16 ans, en 1998, et remporte six mois plus tard sa première compétition internationale, les Jeux mondiaux de la jeunesse. Cinq ans après, elle établit son premier record du monde en sautant 4,82 m et s'impose très vite comme la meilleure perchiste de tous les temps. Entre 2004 et 2008, Yelena Isinbayeva a gagné presque toutes les compétitions auxquelles elle a participé et remporté deux fois la médaille d'or olympique : à Athènes puis à Pékin.

TROP GRANDE

Espoir russe de la gymnastique artistique, Yelena Isinbayeva doit abandonner cette discipline à cause de sa taille. Mesurant plus de 1,70 m à l'âge de 15 ans, elle change de voie et montre alors son extraordinaire talent de perchiste.

25

Entre 2003 et 2009, Yelena Isinbayeva a amélioré le record du monde de 25 cm, le faisant passer de 4,81 m à 5,06 m !

DISCIPLINE

Le saut à la perche masculin est discipline olympique dès 1896. Les femmes doivent attendre les Jeux de Sydney (2000), où se distingue l'Américaine Stacy Dragila.

MON NOM EST YELENA

« J'ai très envie de faire du cinéma, et mon grand rêve serait de jouer dans *James Bond* » dit-elle aux Jeux de 2008. Elle a finalement été élue au Comité international olympique (CIO) comme représentante des athlètes en 2016.

31

RECORD
Elle a battu 17 fois le record du monde de sa discipline entre 2003 et 2009.

LÉGÈRE

Ses 65 kg lui permettent de prendre facilement son envol.

PERSUASION

Avant de s'élancer, elle parle à sa perche pour se concentrer.

STAR DE LA PUB

Elle est l'un des rares athlètes, avec Usain Bolt, à être sollicité pour des campagnes publicitaires.

MÉDAILLES

- 2004
- 2008
- 2012

L'ANGE RUSSE

MICHAEL PHELPS

IDENTITÉ

Né en 1985

Américain

Natation

Nage libre, papillon et quatre nages

Concurrent principal : Milorad Čavić, serbe

Spécialiste des épreuves de papillon, de nage libre et de quatre nages, Michael Phelps est le sportif le plus titré de l'histoire de l'olympisme avec 28 médailles dont 23 en or. Des Jeux d'Athènes (2004) à ceux de Rio (2018), l'immense Américain surclasse les épreuves, multipliant les médailles mais aussi les chronos d'exception. En 2008, le nageur de Baltimore s'inscrit dans huit épreuves aux Jeux de Pékin : il les remporte toutes et signe sept records du monde !

QUELLE VITALITÉ !

Diagnostiqué hyperactif, Michael Phelps commence la natation à l'âge de 7 ans pour canaliser son énergie débordante. Son talent est évident, il remporte tous les titres des catégories « jeunes ».

36

Michael Phelps a battu 36 records du monde dans sa carrière : 29 individuels et 7 en relais !

« Tu ne peux pas mettre des limites dans ce que tu fais. Plus tu rêves loin, plus tu iras loin. »

UNE TECHNIQUE UNIQUE

Le nageur américain a la particularité de nager de longs mètres sous l'eau après le départ des courses et lors des virages. Cela lui donne un avantage considérable sur la plupart de ses adversaires.

32

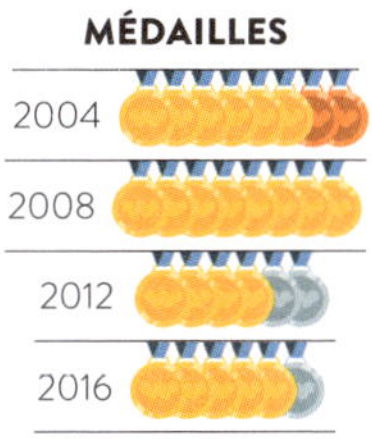

PALMES NATURELLES

Michael Phelps chausse du 47 et peut fouetter l'eau avec force.

RECORD

Il détient le record du nombre de médailles olympiques, devant la gymnaste russe Larissa Latynina.

HÉLICES

Ses bras sont très longs et très efficaces.

SOUS-MARIN

Il accélère quand il nage sous l'eau au moment des virages.

L'HOMME-POISSON

TONY ESTANGUET

IDENTITÉ

Né en 1978

Français

Canoë

C1 slalom (individuel en eau vive)

Concurrent principal : Michal Martikan, slovaque

Vainqueur surprise à Sydney en 2000 et attendu à Athènes en 2004, Tony Estanguet devient alors le seul canoéiste en eau vive à avoir défendu avec succès son titre olympique. Mais la moisson de Tony Estanguet n'est pas terminée. Huit ans plus tard, il remporte une nouvelle fois l'or, à Londres : il est le premier athlète français trois fois champion olympique dans la même épreuve. Dans les eaux déchaînées, le champion de Pau efface avec talent son immense déception des Jeux de Pékin (2008).

AU NOM DU FRÈRE

Champion olympique en eau vive à Sydney (2000), le canoéiste français dédie sa médaille à son frère Patrice, médaillé de bronze à Atlanta. Il l'avait en effet éliminé dans une lutte fratricide lors des sélections pour les Jeux de Sydney.

« Je suis très fier d'avoir défilé quatre fois et d'avoir été le porte-drapeau de mon pays. »

ET APRÈS

Talentueux et énergique, Tony Estanguet est président du comité d'organisation des Jeux de Paris en 2024.

L'HOMME PRESSÉ

Quand il quitte la compétition avec trois médailles d'or olympiques, trois titres de champion du monde et trois titres de champion d'Europe, Tony Estanguet est immédiatement élu au Comité international olympique !

33

RECORD
Tony Estanguet et le Slovaque Michal Martikan se partagent les titres olympiques en C1 slalom entre 1996 et 2012 : 3 pour le premier et 2 pour le second.

SPÉCIFICITÉ

Contrairement à celle du kayak, la pagaie du canoë est simple.

MÉDAILLES

2000
2004
2012

TRÈS GRAND

Avec 1,86 m, il mesure 16 cm de plus que son principal rival, Michal Martikan.

INCONFORTABLE

Dans un canoë, on se tient à genoux.

LE PATRON

USAIN BOLT

IDENTITÉ

Né en 1986

Jamaïcain

Athlétisme

100 m, 200 m, 4 x 100 m

Concurrents : Justin Gatlin, américain, et Yohan Blake, jamaïcain

Entre 2008, année de ses premiers titres majeurs, et 2017, dernière année de sa carrière, le sprinter jamaïcain s'est forgé le plus beau palmarès de l'histoire du sprint. Le monde entier le découvre lors des Jeux de Pékin (2008), quand il réalise l'exploit de son incroyable triplé (100 m, 200 m, relais 4 x 100 m). Il parvient même à renouveler deux fois cet exploit à Londres puis à Rio, et devient le seul athlète étant parvenu à conserver ses titres sur trois olympiades consécutives !

UNE DE PERDUE

Avec ses trois triplés olympiques, il égale Carl Lewis et Paavo Nurmi. Mais en 2017, le Comité international olympique lui retire une médaille en raison du dopage de Nesta Carter, membre de l'équipe jamaïcaine du relais (2008).

QUELLE VITESSE !

Quand le Jamaïcain supersonique bat le record du monde du 200 m (19 s 19), il file à 37,52 km/h. Et lors de son chrono record du 100 m (9 s 58), il va encore plus vite, en atteignant 37,58 km/h !

ET APRÈS

Il tente de se reconvertir dans le football au sein de plusieurs clubs dont le Borussia Dortmund en Allemagne. Mais il ne convainc aucune équipe.

« J'espère que j'ai mis la barre suffisamment haut pour que personne ne puisse le refaire. »

(après les Jeux de Rio)

34

RECORD
Il détient encore trois records du monde : 100 m en 9 s 58 (2009), le 200 m en 19 s 19 (2009) et le 4 x 100 m en 36 s 84 (2012).

NOUVEAU MODÈLE

Après l'ère des sprinters massifs, il impose sa fine musculature et sa grande taille (1,96 m).

VICTOIRE

Après chaque triomphe il effectue ce geste devenu célèbre.

MÉDAILLES

2008

2012

2016

MOINS DE PAS

Il faut en moyenne 41 foulées à Bolt pour couvrir 100 m, contre 44 à 45 pour ses adversaires.

LA FOUDRE

TEDDY RINER

IDENTITÉ

Né en 1989

Français

Judo

Poids lourds

Concurrent principal : Daiki Kamikawa, japonais

Doté de qualités de déplacement et de vivacité exceptionnelles pour un poids lourd, le judoka français règne en maître absolu sur les tatamis depuis les années 2010. Dix fois champion du monde depuis 2007, il marque aussi de son empreinte de géant les jeux Olympiques. Avec deux titres remportés à Londres et à Rio, après une médaille de bronze en 2008 à Pékin, Teddy Riner n'a remporté que le bronze en individuel à Tokyo (2021) mais l'or dans l'épreuve par équipe mixte. Il vise la première place à Paris en 2024 pour clore son incroyable carrière.

DISCIPLINE

Le judo est apparu pour la première fois au programme olympique lors des Jeux de Tokyo (1964) pour les hommes et de Barcelone (1992) pour les femmes.

EN BONNE COMPAGNIE

Comme la sprinteuse Marie-José Pérec à Atlanta en 1996 et le judoka David Douillet à Sydney en 2000, il a l'honneur d'être porte-drapeau de la délégation française à Rio (2016) avant de devenir champion olympique.

UN APPÉTIT D'OGRE

En 2007, à 18 ans, Teddy Riner fait une entrée fracassante dans le monde du judo. Encore junior, il bat notamment le Japonais Kosei Inoue, champion olympique, et devient le plus jeune champion du monde de l'histoire !

« Je n'ai pas envie de laisser quoi que ce soit à mes adversaires. »

MÉDAILLES

2008
2012
2016
2021

TRÈS COSTAUD

Avec ses bras puissants, il peut soulever 160 kg !

GÉANT

Il mesure 2,04 m et pèse près de 135 kg.

AU SOMMET

En 2019, il reçoit la ceinture rouge et blanche, le plus haut grade du judo (6e dan).

RECORD

Il a remporté en individuel 10 titres mondiaux en plus de 100 kg et 2 en toutes catégories.

TEDDY BEAR

MO FARAH

IDENTITÉ

Né en 1983

Britannique

Athlétisme

5 000 m,
10 000 m

Concurrent principal : Kenenisa Bekele, éthiopien

Arrivé de Somalie en Angleterre à l'âge de 8 ans, Mo Farah brille sur les pistes d'athlétisme dès son adolescence grâce à des qualités de sprinter, très rares chez les coureurs de demi-fond. Champion olympique du 10 000 m et du 5 000 m à Londres (2012), la star anglaise réalise quatre ans plus tard un doublé exceptionnel en remportant la médaille d'or sur les mêmes distances aux Jeux de Rio (2016). Il rejoint alors dans la légende olympique le Finlandais Lasse Virén, auteur du même exploit en 1972 et 1976.

STAR POUR TOUS

Athlète britannique le plus médaillé de l'histoire, Mohamed « Mo » Farah est le héros de livres pour enfants. Dans des aventures amusantes, il rencontre des dinosaures ou des monstres et ne doit son salut qu'à sa pointe de vitesse !

6

Mo Farah a remporté six titres de champion du monde : trois sur 5000 m (2011, 2013 et 2015) et trois sur 10 000 m (2013, 2015 et 2017).

ET APRÈS

Il se lance dans le marathon et gagne celui de Chicago en 2018 en battant le record d'Europe avec le temps de 2 h 5 min 11 s.

AUTRES DESTINS

Avant d'être repéré par son professeur d'éducation physique pour ses capacités exceptionnelles, Farah avait deux rêves : devenir mécanicien automobile ou occuper le poste d'ailier droit du club de football d'Arsenal.

LE « MOBOT »

Il fête ses victoires en formant le « M » de son prénom.

INTERMINABLE

Lors d'un 10 000 m, les coureurs doivent effectuer 25 tours de piste !

RECORD

Il détient le record du monde en salle du 2 miles.

MODÈLE LÉGER

Il a des jambes toutes fines et ne pèse que 65 kg.

MÉDAILLES

2012	2
2016	2

LE KING

ISABELL WERTH

IDENTITÉ

Née en 1969

Allemande

Équitation

Dressage

Concurrente principale : Charlotte Dujardin, anglaise

Star du dressage, la cavalière allemande a participé aux Jeux de Barcelone (1992), d'Atlanta (1996), de Sydney (2000), d'Athènes (2004), de Pékin (2008) et de Rio de Janeiro (2016). Elle n'a pas concouru aux Jeux de Londres (2012), son cheval principal, Don Johnson, étant blessé. Pendant cette période de 29 ans, Isabell Werth totalise douze médailles olympiques avec l'équipe allemande et en individuel. Insatiable, elle est aussi sept fois championne du monde et neuf fois championne d'Europe, et ce n'est pas fini !

FIDÈLE PARTENAIRE

Isabell Werth a fait équipe pendant vingt ans avec un cheval alezan de race Hanovrien nommé Gigolo. Ils ont gagné ensemble 4 médailles d'or et 2 d'argent aux jeux Olympiques ainsi que 4 titres de champion du monde.

DISCIPLINE

L'équitation est la seule discipline olympique complètement « mixte » : hommes et femmes peuvent s'affronter sur toutes les épreuves.

ET APRÈS

Elle a développé sa marque d'accessoires équestres (habits, selles...), mais continue la compétition.

TÊTE BIEN FAITE

Très brillante, Isabell Werth a mené parallèlement à sa carrière de très bonnes études de droit : elle est devenue, un temps, avocate puis responsable d'un département marketing.

RECORD

Gigolo est sans doute le cheval le plus titré de l'histoire des sports équestres avec 4 médailles d'or et 2 d'argent aux jeux Olympiques.

MÉDAILLES

1992
1996
2000
2008
2016
2021

CAPACITÉ D'ADAPTATION

Isabell Werth a gagné l'or olympique avec trois chevaux différents.

ÉLÉGANCE RARE

Le cheval est soigneusement toiletté avant chaque passage.

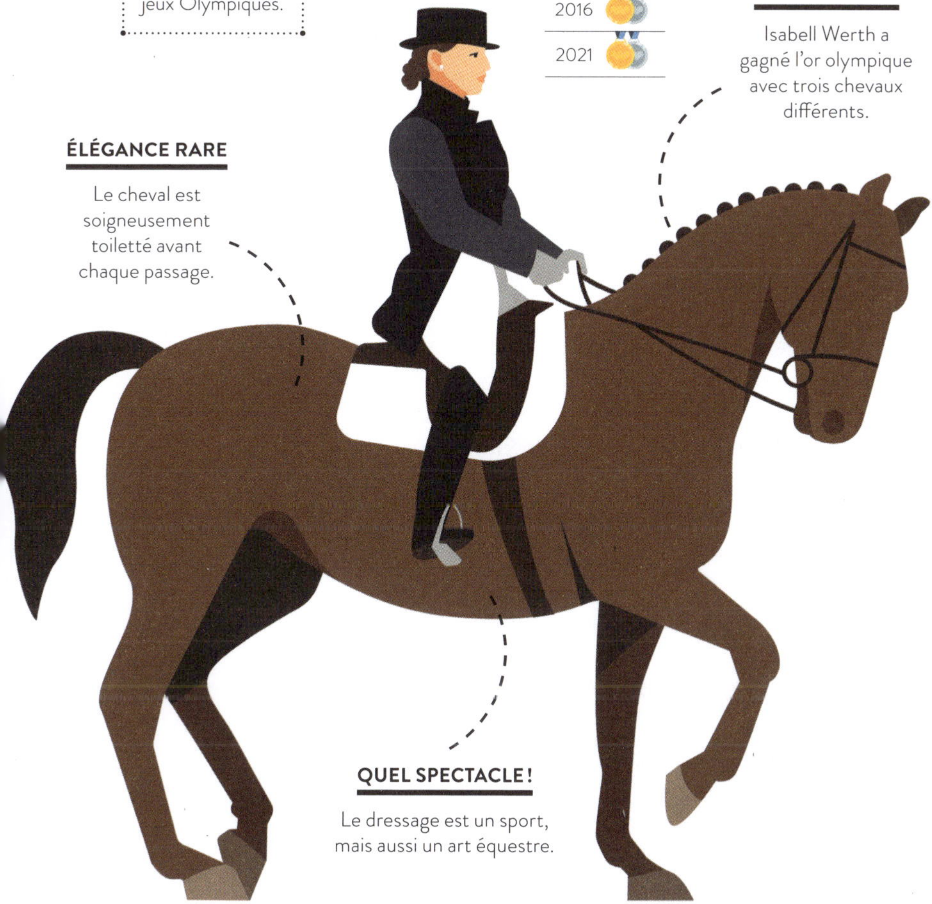

QUEL SPECTACLE !

Le dressage est un sport, mais aussi un art équestre.

L'ÉLÉGANTE ABSOLUE

SIMONE BILES

IDENTITÉ

Née en 1997

Américaine

Gymnastique artistique

Sol, poutre, saut de cheval

Concurrente principale : Aly Raisman, américaine

La jeune américaine connaît sa première heure de gloire en 2016 aux jeux Olympiques de Rio. En quelques jours, elle remporte quatre médailles d'or, au concours général par équipes et en individuel ainsi qu'au saut de cheval et au sol en individuel. Gymnaste très complète, la native de Colombus termine aussi sur la troisième marche du podium à la poutre. À 19 ans, la nouvelle merveille de la gymnastique mondiale a parfaitement réussi ses premiers Jeux mais elle déçoit à Tokyo, en 2021, ne supportant pas la pression. Elle revient à Paris en 2024.

QUEL DESTIN !

Née dans une famille brisée par la drogue, Simone vit une enfance très difficile. Contactés par les services sociaux, ses grands-parents maternels acceptent de l'adopter ainsi que ses sœurs.

ET APRÈS

Après ses sacres de 2016, elle est la première gymnaste américaine à être choisie comme porte-drapeau lors de la cérémonie de clôture des Jeux.

« Je ne suis pas la prochaine Usain Bolt ou Michael Phelps, je suis la première Simone Biles. »

LA GLOIRE

En 2013, elle est la première à réaliser en compétition un enchaînement particulier qui comporte notamment un double tendu avec demi-vrille. Il porte désormais le nom de « The Biles ».

RECORD
Elle a remporté trois fois de suite le titre de championne du monde en concours général en 2013, 2014 et 2015 !

PETIT FORMAT

Avec ses 1,45 m, elle est la plus petite des gymnastes américaines à Rio.

PRÉDILECTION

Elle a gagné son premier titre olympique individuel au saut de cheval.

MÉDAILLES

2016

2021

LE SAUT DE CHEVAL

Cet agrès est placé à 1,35 m de hauteur.

LA PUCE ATOMIQUE

TRISCHA ZORN

IDENTITÉ

Née en 1964

Américaine

Natation

50 m dos, 100 m dos, 200 m dos, 200 m 4 nages, 400 m 4 nages, 200 m brasse, relais 4 x 50 m 4 nages et relais 4 x 50 m nage libre.

Grande figure de l'olympisme, aveugle de naissance, la nageuse américaine a participé aux jeux Paralympiques de 1980, 1984, 1988, 1992, 1996, 2000 et 2004, soit sept compétitions successives. Elle surclasse particulièrement ses concurrentes aux Jeux de Séoul puis à ceux de Barcelone en gagnant 24 médailles dont 22 en or ! Extraordinaire compétitrice, Trischa Zorn termine sa carrière en étant l'athlète la plus titrée de l'histoire des jeux Paralympiques d'été : elle a remporté plus de 40 médailles d'or dans les bassins.

BON CHOIX

Conscients de ses qualités de nageuse, ses parents l'ont inscrite à l'âge de six ans au célèbre club de natation des Nadadores (Californie). Une bonne idée : ce club a envoyé des nageurs ou des plongeurs à tous les Jeux depuis 1976 !

ET APRÈS

Elle a donné son nom à un prix récompensant chaque année un nageur ou une équipe souffrant de handicap.

UN EXEMPLE

Trischa Zorn a étudié les sciences de l'éducation et le droit à l'université du Nebraska. À partir de 2001, en plus de ses activités de coach, elle enseigne à de jeunes écoliers handicapés mentaux.

« Je suis motivée car j'aime vraiment ce que je fais. »

QUE D'OR !

Lors de 3 Jeux, elle n'a gagné que des médailles d'or en individuel !

RECORD

Prendant sa carrière, elle a battu le record du monde handisport dans presque toutes les disciplines de la natation où elle s'est alignée.

ÉTERNELLE

Elle a participé à ses premiers Jeux à 16 ans et à ses derniers à 40.

HANDICAP COMMUN

Les nageurs déficients visuels sont classés en catégorie S11 (totalement aveugles), S12 ou S13 (malvoyants). Zorn nageait dans la catégorie S12.

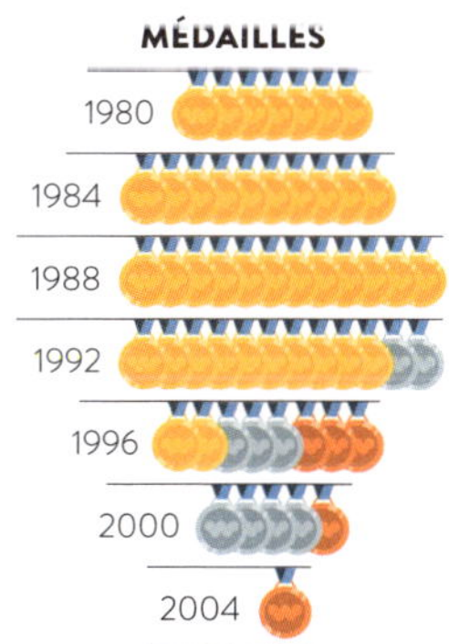

LA REINE DES BASSINS

MICHAEL EDGSON

IDENTITÉ

Né en 1969

Canadien

Natation

Papillon, libre, dos, 4 nages

Malvoyant, le jeune Michael Edgson se passionne pour le hockey, le football et la gymnastique avant de se consacrer à la natation, un choix judicieux. À l'âge de 15 ans, il défend déjà les couleurs du Canada aux jeux Paralympiques de 1984. Le sommet de sa carrière est atteint en 1988 à Séoul : il monte neuf fois sur la plus haute marche du podium et bat quatre records du monde. Quand il se retire des compétitions, il possède une magnifique collection de 20 médailles, dont 17 en or.

JEUNE RETRAITÉ

Alors qu'il peut prétendre à d'autres médailles, Michael Edgson décide de se retirer de la natation de compétition après les jeux Paralympiques de 1992 à Barcelone. Il n'a pourtant que 23 ans !

9

Il a établi neuf records du monde au cours de trois éditions des jeux Paralympiques.

ET APRÈS

Brillant élève de l'université de Victoria, Michael Edgson est devenu directeur financier du Comité paralympique canadien après sa carrière sportive.

ENFIN !

En 1988, Séoul accueille les 8 391 athlètes des jeux Olympiques puis les 3 053 concurrents des jeux Paralympiques, deux semaines après. Les deux compétitions ont lieu dans la même ville pour la première fois depuis 1964 !

RECORD

Il a battu
20 records
du monde
handisport
dans sa carrière.

MÉDAILLES

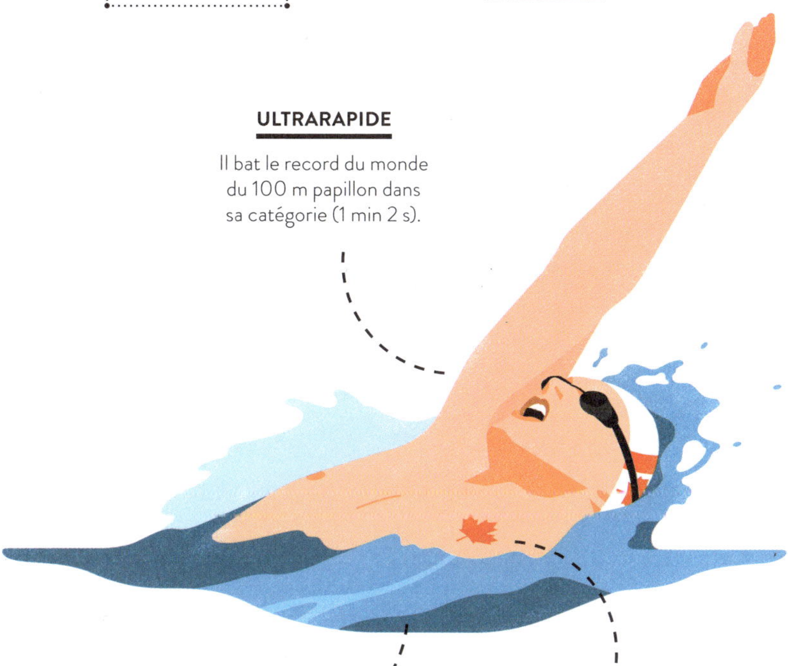

ULTRARAPIDE

Il bat le record du monde du 100 m papillon dans sa catégorie (1 min 2 s).

PIONNIÈRE

La natation est un sport programmé dès les premiers jeux Paralympiques, en 1960.

PATRIOTE

Il a une feuille d'érable tatouée sur la poitrine.

L'IRRÉSISTIBLE DAUPHIN

CHRONOLOGIE

1896

Les premiers Jeux modernes à Athènes

241 athlètes masculins participent à ces premiers Jeux, dont 169 Grecs ! Les autres viennent de 13 pays d'Europe et aussi d'Australie, du Chili et des États-Unis.

Le Grec Spyrídon Loúis fut le premier vainqueur du marathon.

1904

Des médaillés aux Jeux de Saint-Louis

Grande nouveauté : des médailles d'or, d'argent et de bronze sont attribuées respectivement aux trois premiers de chaque épreuve.

1928

Jeux d'Amsterdam : les femmes sur la piste

Les femmes ont enfin le droit de participer à des épreuves d'athlétisme. Une flamme olympique est allumée pour la première fois dans le stade principal.

Mildred Didrikson sera l'athlète vedette des Jeux de 1932.

1948

Jeux de Londres

12 ans après les Jeux de Berlin, 3 ans après la fin de la guerre, la capitale anglaise accueille des sportifs du monde entier. Pour la première fois, des épreuves sont retransmises à la télévision.

Fanny Blankers-Koen y récolte 4 médailles d'or en athlétisme.

1972

Prise d'otage aux Jeux de Munich

Onze membres de l'équipe d'Israël sont assassinés par l'organisation palestinienne Septembre noir. Un policier ouest-allemand est tué, ainsi que cinq des huit terroristes.

Mark Spitz surclasse tous ses concurrents en natation.

1976

Jeux de Montréal : l'arrivée de la mascotte

Après le teckel Waldi, première mascotte officielle en 1972, c'est Amik, un castor, qui est la star graphique des Jeux canadiens. Il y aura désormais une ou plusieurs mascottes pour chaque édition.

Nadia Comaneci, reine de la gymnastique, obtient 10, note maximale.

1920

Jeux d'Anvers : l'apparition du serment

Le Belge Victor Boin lit ce message : « Nous jurons que nous nous présenterons aux jeux Olympiques en concurrents loyaux, respectueux des règlements qui les régissent et désireux d'y participer dans un esprit chevaleresque pour l'honneur de nos pays et la gloire du sport. »

La flamme olympique est allumée à Olympie.

1924

Les premiers jeux Olympiques d'hiver

Chamonix accueille des compétitions de ski de fond, de patinage artistique et de vitesse, de hockey sur glace, de combiné nordique, de saut à ski, de bobsleigh, de curling et de patrouille militaire (ancêtre du biathlon).

Madge Syers aux Jeux d'été de 1908.

1952

Helsinki, les Jeux de la guerre froide.

Allemands et Japonais font leur retour, et les Soviétiques participent pour la première fois. Le village olympique est divisé en deux : pays occidentaux d'un côté et pays du bloc soviétique de l'autre.

Le Tchécoslovaque Emil Zátopek domine les courses de fond.

1960

Rome : les premiers jeux Paralympiques

Organisés une semaine après la clôture des jeux Olympiques, ils accueillent 400 athlètes de 23 pays. 8 sports sont programmés dont le basket en fauteuil et le billard.

Jonas Jacobson est l'athlète le plus titré aux jeux Paralympiques.

1992

Barcelone : des Jeux au complet

Tous les pays sont là. En 1976, 22 pays africains avaient boycotté; en 1980, ce furent les Américains et des alliés; en 1984, l'URSS avec des pays de l'Est, et, en 1988, 7 pays.

Steve Redgrave gagne en 1992 sa troisième médaille d'or en trois olympiades.

Reporté en 2021

Les Jeux de Tokyo

La capitale du Japon est ville-hôte pour la seconde fois. Athènes (1896, 2004), Londres (1908, 1948 et 2012) et Los Angeles (1932, 1984 et 2028) ont eu également cet honneur, comme Paris, qui accueille les Jeux en 2024 pour la troisième fois, après 1900 et 1924.

Les Jeux prévus en 2020 à Tokyo ont été reportés en 2021 à cause de la pandémie de Covid-19.

BAM!

MONUMENTS
40 MONUMENTS DU MONDE ENTIER
BAM!
JEAN-MICHEL BILLIOUD
LE DUO
GALLIMARD JEUNESSE

ART
40 GRANDS PEINTRES
BAM!
BÉATRICE FONTANEL
MATTEO BERTON
GALLIMARD JEUNESSE

FEMMES
40 COMBATTANTES POUR L'ÉGALITÉ
BAM!
ISABELLE MOTROT
VÉRONIQUE JOFFRE
GALLIMARD JEUNESSE

INVENTIONS
40 IDÉES RÉVOLUTIONNAIRES
BAM!
ROBERT PINCE
LE DUO
GALLIMARD JEUNESSE

DIEUX
40 DIEUX ET HÉROS GRECS
BAM!
SYLVIE BAUSSIER
ALMASTY
GALLIMARD JEUNESSE

BIBLE
40 PERSONNAGES BIBLIQUES
BAM!
SYLVIE BAUSSIER
ALMASTY
GALLIMARD JEUNESSE

DESIGN
40 OBJETS ICONIQUES DU QUOTIDIEN
BAM!
GALLIMARD JEUNESSE

ÉCOLOGIE
40 MILITANTS ENGAGÉS POUR LA PLANÈTE
BAM!
ÉLISABETH COMBRES
VÉRONIQUE JOFFRE
SKOLSTREJK
FÖR
KLIMATET
GALLIMARD JEUNESSE

HÉROS
40 PERSONNAGES DE ROMAN
BAM!
GALLIMARD JEUNESSE

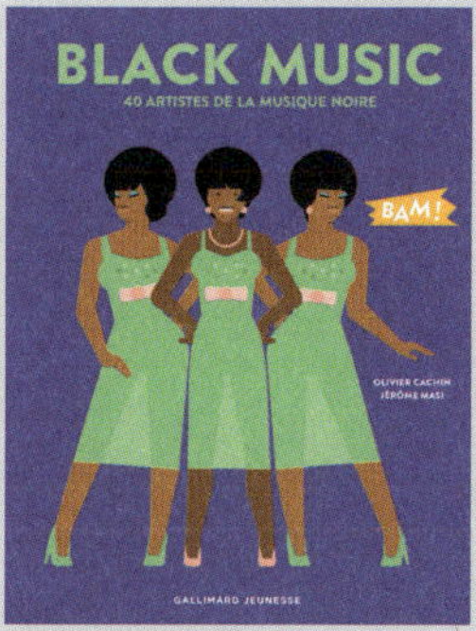

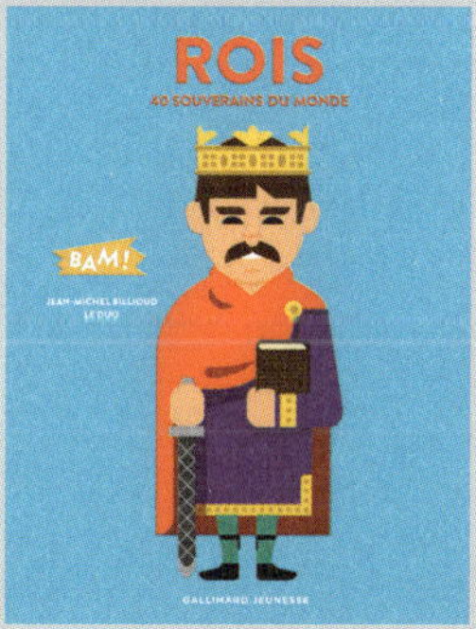

La collection « BAM ! » est une série d'ouvrages documentaires à destination des 10-15 ans. Écrits par des auteurs confirmés et illustrés par des artistes ou des collectifs proches du flat design, ces livres de référence synthétiques et ludiques abordent des thèmes variés à travers 40 portraits de femmes et d'hommes, d'objets ou de lieux iconiques.